Zum Relaxen

cangini
filippi
1921

Ziele
erreichen

Ein Leben ohne Feste
ist wie eine lange Wanderung ohne Einkehr.

DEMOKRIT

Am Ziele deiner Wünsche
wirst du jedenfalls eines vermissen:
dein Wandern zum Ziel.

MARIE VON EBNER-ESCHENBACH

Die Farben des Lebens

Die Aufgabe des Künstlers besteht darin,
das darzustellen, was sich zwischen dem Objekt
und dem Künstler befindet,
nämlich die Schönheit der Atmosphäre.

CLAUDE MONET

Große Künstler sind die einzigen Reichen,
welche ihr ganzes Glück mit uns teilen.

AUGUST GRAF VON PLATEN HALLERMUND

Einzigartig
ist die Welt

Was wir überall
und immer um uns sehen,
das schauen und genießen wir wohl,
aber wir beobachten es kaum,
wir denken nicht darüber nach.

JOHANN WOLFGANG VON GOETHE

Spaß haben

Die Kinder sagen unzählige zarte Gefühle heraus,
die die Erwachsenen auch haben, aber nicht sagen.

JEAN PAUL

Die Kinder kennen weder Vergangenheit
noch Zukunft, und –
was uns Erwachsenen kaum passiert –
sie genießen die Gegenwart.

JEAN DE LA BRUYÈRE

Vom Glück der Stille

Der wahre, tiefe Frieden des Herzens
und die vollkommene Gemütsruhe
sind allein in der Einsamkeit zu finden.

Arthur Schopenhauer

Das große Glück in der Liebe
besteht darin,
Ruhe in einem anderen Herzen zu finden.

Julie de Lespinasse

Die Seiten meines Lebens

Der Himmel hat dem Menschen
als Gegengabe für die vielen
Mühseligkeiten des Lebens
drei Dinge gegeben:
die Hoffnung, den Schlaf und das Lachen.

IMMANUEL KANT

Oh, so wohltuend und still!
Welche Erholung für die Gedanken!
Frei von dem betäubenden
Lärm der Menschen.

Fridtjof Nansen

Im Einklang mit dem Leben

Betrachtet der Mensch
die Natur und das Leben
mit einer für alles Schöne
empfänglichen Seele, offenen Auges
und ohne Eigennutz,
dann werden sie ihm auch
viel Vergnügen bereiten.

ALEXANDER IWANOWITSCH HERZEN

Ein Lächeln für dich

Das beste Geschenk und Wesen
ist ein heiteres und fröhliches Herz.

M<small>ARTIN</small> L<small>UTHER</small>

Fröhliches Lachen ist eine der
schönsten Künste von allen, die man üben kann.

O<small>TTO VON</small> L<small>EIXNER</small>

Aus der Hand der Liebe

Von allen Geschenken,
die uns das Schicksal gewährt, gibt es
kein größeres Gut als die Freundschaft –
keinen größeren Reichtum,
keine größere Freude.

Epikur von Samos

Der Strom der Zeit

Poesie der
Sinne

Die Menschen streben nach Dingen,
die sie nicht brauchen,
und vernachlässigen
ihre wahren Segnungen:
das Geschenk ihrer Sinne,
die wir mit Fug und Recht
unser eigen nennen können.

Lady Mary Wortley Montagu

Vorwärts gehen

Besser ist es,
hinkend auf dem rechten Weg zu gehen
als mit festem Schritt abseits.

LEO TOLSTOI

Ich bin bereit, überall hinzugehen,
vorausgesetzt, der Weg führt vorwärts.

DAVID LIVINGSTONE

Ein Wunsch fürs Leben

Halte immer an der Gegenwart fest.
Jeder Zustand, ja jeder Augenblick
ist von unendlichem Wert,
denn er ist der Repräsentant
einer ganzen Ewigkeit.

Johann Wolfgang von Goethe

In Zufriedenheit leben

In dieser Reihe sind bisher erschienen und lieferbar:

100.651 · Zum Geburtstag
100.652 · Für positive Tage
100.653 · Zum Relaxen
100.654 · Geschenkte Zeit

Bildnachweis

Seite 7, 20-21, 33, 34, 36-37, Titelbild: Fotos von Gerald Schwabe
Sonstige Fotos von Edition Paper Design GmbH

Bibliografische Informationen der Deutschen Nationalbibliothek

Die Deutsche Nationalbibliothek verzeichnet diese Publikation in der Deutschen Nationalbibliografie: detaillierte bibliografische Daten sind im Internet über http://dnb.d-nb.de abrufbar.

ISBN: 978-3-8431-0315-2
Serie Klassische Weisheiten · Bestellnummer 100.653
Zum Relaxen

Urheber des Gesamtwerks und Lizenzgeber:
Edition Paper Design GmbH, Ettenheim, Germany
© Lizenznehmer 2011: Cangini Filippi by Lediberg GmbH, Lemgo, Germany
Druck und Verarbeitung: Castelli Bolis Poligrafiche spa, Cenate Sotto (BG), Italy